LE
DROIT D'ASILE

EN

EUROPE ET EN ANGLETERRE

PAR

J. MICHAUD

« Nous croyons qu'il y a un devoir à remplir
envers l'opinion ; c'est de faire entendre une
parole impartiale et calme en présence des
passions qui ont été si injustement soulevée
en Angleterre. Nous avons la confiance d'être
compris de l'autre côté du détroit. »

(NAPOLÉON III et l'Angleterre.)

PARIS

AMYOT, LIBRAIRE-ÉDITEUR

8, RUE DE LA PAIX

—

1858

LE

DROIT D'ASILE

EN

EUROPE ET EN ANGLETERRE.

La France et l'Europe viennent d'échapper à la crise la plus terrible. Au moment où la paix et la tranquillité y règnent sans mélange ; au moment où la concorde est parfaite, où les cabinets préparent avec calme et confiance la conférence qui va consolider l'œuvre du Congrès de Paris, un nouvel attentat a été dirigé contre la vie de l'empereur Napoléon III. Une bande d'assassins, venue de l'étranger, sortie comme toujours de cette Angleterre dont la trop généreuse hospitalité est journellement trahie, a lancé contre l'élu de la France de nouveaux instruments de destruction : une auguste et gracieuse princesse, chérie de tous, a été vouée à la mort ; des citoyens paisibles, des femmes, des enfants, des vieillards, ont été frappés par des bombes inintelligentes. Aucun des plus simples sentiments de l'humanité n'avait arrêté les assassins.

Mais Dieu veillait sur le prince et sur le pays ; il a couvert de son égide le chef de la France et sa compagne. Tout en déplorant les victimes innocentes, bénissons la Providence tutélaire qui nous a préservés d'un mal irréparable, d'un deuil sans exemple.

Le crime du 14 janvier a excité en France une indignation qui a retenti d'un bout à l'autre du territoire. Tous les corps de l'État, en félicitant le Prince du salut qu'il devait à la protection divine, ont signalé *ces citadelles extérieures dressées contre l'Europe* (1), et se sont demandé comment des gouvernements voisins et amis sont impuissants à détruire ces laboratoires d'assassinats, comment les saintes lois de l'hospitalité peuvent s'appliquer à des bêtes féroces (2) ; tous ont rappelé que les nations ne forment entr'elles qu'un seul faisceau, que la sûreté des unes dépend de la sûreté des autres ; qu'au milieu de la solidarité des intérêts européens, tous doivent veiller pour chacun, à peine de ne pouvoir se garantir eux-mêmes (3).

Le corps diplomatique s'est associé aux mêmes sentiments : la pensée du danger commun ne pouvait manquer d'être universelle.

Les organes de la presse périodique, sans distinction, ont fait entendre une voix unanime. Et cela, non-seulement en France, mais partout, en Allemagne, en Italie, même en Angleterre, — « C'est pour nous un sujet de regret national, si ce n'est de honte nationale, dit le

(1) Discours de M. le président du Sénat.
(2) Discours de M. le président du Corps législatif.
(3) Adresse de la Cour de Cassation.

Morning Post du 16 janvier 1858, que les fanatiques qui ont commis la tentative criminelle aient pu, grâce à des idées exagérées d'hospitalité, de chevaleresque indépendance du sol, concerter et organiser, au sein même de l'Angleterre, leur infâme et lâche conspiration. Jusqu'à quand la libre Angleterre sera-t-elle le point de ralliement de tous ces indignes charlatans de la liberté, qui, sous sa bannière, conspirent à se rendre despotes? Jusqu'à quand la capitale sera-t-elle un égout où peut s'épancher impunément et sans frein, la corruption de toutes les nations? »

C'est qu'en effet l'Angleterre elle-même ne peut maîtriser sa conscience à la vue d'un semblable attentat; c'est qu'en pareille circonstance il n'y a plus de frontières (1).

Cependant, au milieu de ce concert de tous les peuples, l'inquiétude est encore universelle en Europe. Les auteurs du crime ont subi leur châtiment, mais leurs complices défient effrontément l'atteinte des lois. La justice française a fait son devoir ; les grandes puissances en ont encore un sacré à remplir.

L'attentat du 14 janvier n'est pas un acte isolé; il n'est pas le premier, et bien d'autres sont médités encore. Il n'y a pas un souverain en Europe qui ne soit menacé par cette horrible *commune révolutionnaire*, qui date de Londres tous ses arrêts parricides. L'empereur d'Autriche, le roi de Naples ont été frappés. Le roi de Sardaigne, le grand-duc de Toscane, le souverain-pontife sont voués aux poignards des sociétés secrètes. Si Napoléon III est

(1) *Journal des Débats*, 17 janvier 1858.

celui contre lequel elles s'acharnent avec le plus de violence, c'est qu'il est le plus grand et le plus puissant obstacle à leurs affreux desseins.

Le danger n'est pas en France. Il a son siége dans quelques pays confiants et généreux, en Suisse, en Belgique, dans les États sardes ; il réside particulièrement en Angleterre. C'est sur le sol britannique que se tiennent les discours les plus incendiaires, que s'impriment les plus abominables pamphlets ; c'est là que le régicide est élevé en doctrine avec une imperturbable audace ; c'est de là que partent les assassins ; c'est là et toujours là que le crime est encouragé, préparé et soldé.

Est-il donc vrai que, dans un pays quelconque, fût-ce le plus libre, un asile inviolable puisse être assuré à tous ceux qui déshonorent l'humanité, à ceux qui profitent de leur retraite pour tramer des complots contre la patrie qu'ils ont fuie? Sans doute, toutes les nations de l'Europe sont hospitalières ; elles tendent la main à tous les suppliants ; mais il y a un droit commun, un droit de tous les temps, sur lequel il n'est pas permis de s'abuser. Ce droit, les puissances européennes l'observent et l'invoquent en toute occasion ; l'Angleterre a toujours su en réclamer l'application pour elle-même, elle l'a pendant longtemps fidèlement respecté sur son territoire.

Déterminons exactement les limites et la portée du droit d'asile.

Le Droit d'Asile suivant le droit public de l'Europe.

I.

Dès les siècles anciens, il avait été reconnu que les malheureux, poursuivis par leurs ennemis ou même par les ministres de la justice, pouvaient trouver un asile dans certains lieux consacrés par la religion. Moïse avait désigné six villes de refuge; mais on n'y protégeait que les auteurs de meurtres involontaires ou les esclaves fugitifs (1).

Chez les peuples païens, lorsque le réfugié n'était plus protégé par l'intérêt qui s'attache au malheur, on ne se contentait pas de le livrer à l'impuissance dans son asile, on le réduisait par le feu, par la faim, à sortir lui-même de l'abri qu'il avait cherché. Pausanias était muré dans le temple de Minerve; Antipater envoyait ses soldats pour arracher Démosthène de la statue de Neptune.

Mais, d'un autre côté, quoi de plus touchant que cet autel de la Miséricorde élevé dans Athènes pour recevoir les malheureux, ceux qui avaient échappé aux défaites, ceux qui avaient été bannis de leur patrie, ceux qui avaient été dépouillés de leur royaume, ceux qui s'étaient rendus coupables par imprudence? (2)

L'histoire ne nous apprend pas que jamais aucune plainte se soit élevée contre les suppliants qui avaient embrassé l'autel de la Miséricorde. Néanmoins, les Athé-

(1) *Deutéron.*, chap. 19, chap. 23, etc.
(2) Stace, *Thébaïde*, liv. 12.

niens faisaient annoncer à son de trompe que si quelqu'un ayant conspiré contre Philippe venait se réfugier près d'eux, il serait livré.

II.

Le droit d'asile, comme nous l'entendons de nos jours, n'est plus fondé sur le respect dû à la religion ; il repose tout entier sur l'inviolabilité des territoires étrangers. Un homme jeté en dehors de sa patrie par une de ces mille circonstances qui se produisent dans les révolutions des empires, est accueilli chez nous. S'il supporte l'exil avec courage et dignité, s'il ne cherche pas à rétablir, par des complots, sa cause perdue, si surtout il ne prépare pas de ces crimes qui font horreur au monde entier, nous lui gardons l'hospitalité qui lui est due; nous lui donnons même des secours quand il en a besoin. Ce n'est cependant pas un droit absolu, sans restriction. Une nation n'est pas nécessairement obligée de recevoir tous les réfugiés ; elle peut prendre des mesures à leur égard, elle peut les expulser de son territoire. Quelquefois même elle serait coupable envers les nations étrangères, si elle conservait et protégeait des artisans de révolutions, des entrepreneurs d'assassinats.

III.

Nos anciens publicistes n'hésitaient pas à dire que le souverain qui donne sciemment asile à un coupable, devient son complice et engage sa responsabilité personnelle (1). Sur la réquisition de la puissance offensée, il doit le livrer ou tout au moins l'expulser.

En fait, ce qui avait lieu le plus souvent en Europe, dans les derniers siècles, c'était l'extradition de celui qui était accusé d'un crime, ou d'un attentat ou complot contre la sûreté de l'État. Jusqu'aux derniers temps de l'histoire européenne, il n'y a presque pas un traité d'extradition en tête duquel ne se trouvent les accusations de haute trahison, de crime contre la sûreté de l'État, de sédition (2).

Hâtons-nous toutefois de le dire, les traités les plus récents ne parlent plus des crimes simplement politiques. Il s'est fait une espèce de révolution dans le droit commun des nations. Le principe de l'extradition est admis aujourd'hui pour les crimes ordinaires, même par les peuples qui s'y étaient montrés le plus opposés; il n'est plus appliqué aux faits politiques, même par les puissances qui en avaient pris l'engagement.

Les réfugiés politiques, d'un autre côté, ont été assujettis à de nouvelles règles, dont nous parlerons plus tard.

IV.

Mais les nations européennes ont constamment reconnu qu'elles avaient des obligations à remplir les unes

(1) Grotius, *Droit de la guerre et de la paix*, liv. II, chap. 21. — Puffendorf, *Droit de la nature et des gens*, liv. VIII, chap. 6. — Vattel, *Droit des gens*, liv. II, § 77.

(2) Voir, Traités entre l'Autriche et la Suisse, du 13 septembre 1828 ; entre le pape et le roi des Deux-Siciles, du 29 juillet 1818 ; entre la France et la Suisse, des 19 août 1798, 27 septembre 1803, 18 juillet 1828 ; entre l'Autriche, la Prusse et la Russie, du 4 janvier 1834, etc., etc.

vis-à-vis des autres, et qu'elles ne devaient pas souffrir
que leurs territoires devinssent une source d'inquiétude
et de perturbation pour leurs voisins. Tout en accordant
l'hospitalité aux réfugiés étrangers, principalement pendant la guerre, elles ne faisaient jamais la paix sans
stipuler l'extradition réciproque des rebelles et des trans-
fuges, ou tout au moins leur expulsion. Tel était le
droit permanent entre la France et l'Angleterre, entre
l'Angleterre et la Bourgogne (1). Honneur à la France !
c'est elle qui la première, dans les traités de Blois (1504)
et de Vervins (1598), renonça à cette exigence.

A partir de cette époque, les gouvernements ont conci-
lié les devoirs de l'hospitalité avec le respect dû à la
sécurité des autres peuples. Les extraditions politiques
sont devenues plus rares, quoiqu'il y en ait encore eu,
même de nos jours ; la postérité ne pardonne pas encore
à la mémoire d'Auguste la fin malheureuse de Patkul.

Mais dès ce temps-là même l'Europe faisait un système
politique, un corps où tout est lié par les relations et les
divers intérêts des nations qui l'habitent. C'était déjà une
espèce de république, dont les membres indépendants,
unis, liés par l'intérêt commun, se réunissaient pour
maintenir l'ordre et la sécurité de tous (2). Les souverains
se réservèrent le droit de ne pas recevoir les réfugiés,
quand les traités, le soin de leur propre tranquillité ou
leur affection pour les puissances étrangères leur en
imposaient la loi. Quand on les accueillit, on les désarma,
on les interna, on les éloigna des frontières de leur pays

---

(1) Cambden, *Annales de la reine Élisabeth*, an 1600.

(2) Vattel, *Droit des gens*, liv. III, § 47.

originaire, on les divisa et on leur assigna des résidences (1), on fit plus : sans les livrer à la justice étran-
gère, on les priva, suivant les circonstances politiques,
de l'asile sur lequel ils avaient compté, et on les renvoya
du territoire. L'expulsion de Charles-Édouard en 1748, et
celle de Louis XVIII en 1807, sont de tristes exemples
d'un droit qui aurait pu être mieux appliqué.

V.

C'est surtout à partir de l'année 1793 que les nouveaux
principes du droit des gens se sont développés dans l'Europe entière et ont pris un caractère de fixité désormais
incontestable.

Tous les gouvernements ont procédé de la même manière, et l'Angleterre elle-même s'est associée au système
général.

La révolution française avait amené un grand bouleversement dans toutes les idées. Non-seulement la vieille
dynastie des Capétiens avait été renversée, mais l'infortuné
Louis XVI avait péri sur l'échafaud. Tous les princes
étaient menacés sur leurs trônes. Les partisans de la
monarchie déchue étaient poursuivis par la tyrannie ré-
publicaine. Les partis, tour à tour victorieux et vaincus,
devenaient victimes les uns les autres. Les armées françaises franchissaient les frontières et portaient partout le
trouble et l'inquiétude. L'Allemagne, la Russie, la Suisse,
l'Italie, l'Angleterre, se remplirent d'une quantité in-
nombrable d'émigrés de toutes les opinions. Tous furent

____

(1) Vattel, liv. II, § 136.

accueillis sur les territoires où ils cherchaient un refuge ; mais des mesures de police furent prises à leur égard.

Beaucoup d'entre eux reçurent des secours de la générosité des gouvernements qu'ils imploraient. Mais en même temps on leur assignait des résidences, on se réservait, soit de les expulser en cas de besoin, soit de les retenir malgré eux.

Des actes nombreux du Parlement d'Angleterre sanctionnèrent sans interruption l'exercice de ce droit. En France, la loi du 28 vendémiaire an VI le consacre de la manière la plus expresse : au fond, c'est encore cette loi qui a servi de base à celles du 21 avril 1832 et du 3 décembre 1849.

VI.

Le rétablissement de la paix générale, en 1814 et en 1815, ne put apporter et n'apporta aucun changement à la conduite des puissances européennes. De nouvelles dynasties avaient succombé, de nouveaux intérêts avaient été créés, même par la restauration des anciens gouvernements. Beaucoup de Français, spécialement, crurent nécessaire d'aller chercher une retraite sur le sol étranger. Pendant tout le règne de la branche aînée des Bourbons, des conspirations politiques obligèrent ceux qui étaient poursuivis à solliciter un asile qui leur devenait indispensable. En Belgique, en Suisse, en Italie, en Angleterre, on leur appliqua les règles qui viennent d'être rappelées. Quelques-uns même furent livrés à la justice.

Les efforts tentés en Espagne et en Italie, pour l'établissement d'un régime constitutionnel, furent considérés par l'Europe comme une question d'intérêt général. Des congrès se réunirent. La France intervint en Espagne, et l'Autriche en Italie. Le sol français fut ouvert à tous les réfugiés, sans distinction ; mais tous furent désarmés et internés. Le trésor national les secourut avec largesse, mais plusieurs d'entre eux durent être expulsés.

VII.

La révolution de 1830 amena de nouvelles perturbations en Europe. La Belgique se sépara des Pays-Bas septentrionaux. La Pologne s'insurgea contre le gouvernement de la Russie. Des guerres civiles éclatèrent en Espagne et en Portugal. Par suite, de nouvelles émigrations conduisirent en France et ailleurs un grand nombre d'étrangers fugitifs ; tant qu'ils parurent tranquilles, on respecta leur malheur.

Mais, en 1833, une tentative insensée fut organisée dans les cantons de Genève et de Vaud, dans le but d'envahir et de révolutionner la Savoie. La petite colonne de Romarino, repoussée et dissipée par les troupes sardes, rentra en Suisse, et le gouvernement fédéral dispersa ses membres, les fit conduire dans l'intérieur et les plaça sous une surveillance rigoureuse.

La Sardaigne ne fut pas la seule à réclamer des mesures plus énergiques. L'Autriche, le grand-duché de Bade, la Bavière, le Wurtemberg, la Confédération germanique, Naples, la Prusse, la Russie enfin, après des récriminations analogues sur la tolérance que les réfugiés avait rencontrée, de la part des autorités subalternes, dans les préparatifs de leur expédition, exposèrent les mêmes exigences. La Russie, qui n'était guère intéressée que par le sentiment de la solidarité européenne, insista spécialement « sur la dissolution des *comités* de *propagande révolutionnaire* qui, sous différents noms et prétextes, mais tous dans le même but hostile contre *l'ordre et les droits établis en Europe,* s'étaient formés en Suisse, et continuaient avec autant d'audace que d'impunité. »

Tout le monde connaît la note célèbre adressée au directoire fédéral au nom de la France, par M. le duc de Montebello en 1836, et le blocus de la Suisse par les armées françaises. Le gouvernement suisse se soumit, les sociétés secrètes furent dissoutes, et un grand nombre de réfugiés de toutes nations furent expulsés.

VIII.

Nous voici arrivés aux événements de 1848. L'Europe fut de toutes parts ébranlée dans ses fondements. Le roi de Sardaigne entreprit contre l'Autriche une guerre malheureuse. L'Allemagne fut envahie par les idées révolutionnaires ; les vieilles nationalités se réveillèrent. L'Italie fut mise en feu ; le Souverain-Pontife dut abandonner sa capitale à la république romaine. La Hongrie s'insurgea. L'ordre ne fut rétabli que lentement et avec peine, grâce surtout à la fermeté et à la persistance du Prince que la France était allée chercher dans l'exil pour le charger du salut de la patrie.

IX.

On ne pouvait pas oublier quelles avaient été les heureuses et glorieuses conséquences de la journée du 18 brumaire an VIII. La société désorganisée avait été reconstituée. Les églises s'étaient rouvertes; le concordat avait rendu à la religion son empire. Le pouvoir s'était reformé; une forte administration avait été créée; le Code civil avait été promulgué; des institutions avaient été fondées, impérissables, destinées à survivre à tous les changements politiques. Comment, au jour où l'on était menacé d'un chaos nouveau, toutes les voix ne se seraient-elles pas élevées pour appeler l'héritier du grand homme à reprendre l'œuvre du génie Napoléonien? Le prince Louis-Napoléon n'a pas trompé les espérances du pays; il n'a pas manqué à sa noble mission. Il a fait plus que sauver le France; il a consolidé, dans toute l'Europe, le principe de l'ordre et de l'autorité. Doit-on s'étonner de la rage et de l'acharnement que déploient contre lui ceux qu'il a réduits à l'impuissance!

X.

Personne n'ignore comment travaillent les sociétés secrètes. Par des écrits, par des proclamations, qu'on peut désavouer au besoin, par l'envoi d'émissaires dévoués, elles soulèvent les passions populaires, elles excitent à l'insurrection et à la guerre civile. Elles ont aussi leurs tribunaux mystérieux qui prononcent des arrêts de mort; les bourreaux sont désignés, les initiés ont nonseulement le droit, mais le devoir sacré d'exécuter les sentences, à peine d'être mis à mort eux-mêmes.

Elles achètent des armes et en fabriquent dans leurs ateliers, elles les envoient à ceux qui doivent déployer l'étendard de la révolte, elles les distribuent aux sicaires chargés des assassinats.

Il est inutile ici de rappeler les nombreuses tentatives dirigées contre la vie de Napoléon III, et auxquelles il a si miraculeusement échappé. Tout le monde les a présentes à la mémoire, et rien ne peut tempérer l'horreur qu'elles inspirent, si ce n'est le sentiment de la reconnaissance envers la providence. Transportons-nous sur un autre terrain.

XI.

Au commencement de l'année 1853, une bande de révolutionnaires exécute un coup de main contre la ville de Milan. Une partie de la garnison autrichienne est surprise, des officiers sont assassinés. Par quel ordre agissaient les auteurs de cette abominable et ridicule entreprise? Les journaux de Londres nous l'ont appris; une proclamation, dont ils ont donné le texte, était adressée, au nom du comité italien, par Mazzini et quelques autres, aux Italiens leurs frères. « Aujourd'hui, disaient-ils, le dernier mot que nous vous adressons est *insurrection!* Demain, en nous mêlant aux rangs du peuple, nous vous aiderons à la soutenir !... Attaquez, rompez sur tous les points la longue et faible ligne de l'ennemi, empêchez-le de se concentrer, tuez ou dispersez ses soldats, détruisez les routes et les ponts..., désorganisez-le en frappant ses officiers, poursuivez sans relâche les fuyards, *faites la guerre à coups de couteaux...* » L'échauffourée fut promptement comprimée et vaincue; Milan fut mis en état de siége et soumis à une énorme contribution.

Ce n'est pas tout. Un grand nombre de ceux qui avaient été entraînés dans cette entreprise étaient venus, quelques-uns du Piémont, la plupart du canton suisse du Tessin. L'Autriche fit entendre sa voix. Elle demanda au gouvernement suisse d'expulser les réfugiés les plus dangereux, d'obliger tous les autres à résider dans des cantons qui ne fussent pas limitrophes de ses provinces lombardes. Dans son impatience, même, elle chassa de ses États plus de cinq mille Tessinois qui y exerçaient de temps immémorial d'innocentes industries; elle bloqua le territoire de Tessin. Le directoire fédéral fit tout ce qu'il put : beaucoup d'Italiens furent dirigés par la France sur le port du Havre, où on les embarqua pour l'Amérique.

La Sardaigne n'attendit pas de semblables réquisitions. De lui-même le cabinet de Turin prit des mesures sévères contre les émigrés dangereux : et les plus suspects furent aussi embarqués à Gênes et transportés loin de l'Italie.

Seule, la Grande-Bretagne resta sourde à toutes les suggestions qu'on fit parvenir jusqu'à elle. Non-seulement dans ses journaux, mais dans le sein de son Parlement, mille voix répétèrent que les lois traditionnelles de l'Angleterre, que la grande charte elle-même, s'opposaient à toute atteinte qui serait portée au droit d'asile, et que la liberté du territoire était la même pour les étrangers que pour les nationaux. L'Angleterre, disaient-ils, saura faire respecter les gouvernements étrangers, sa législation intérieure lui donne des armes suffisantes. On sait malheureusement trop ce qu'il y a de faux dans de semblables réponses.

2

XII.

D'autres circonstances, plus graves encore, donnaient de nouvelles forces aux réclamations de l'Autriche. Douze jours après la surprise de Milan, le 18 février 1853, l'Empereur est frappé dans la ville de Vienne par un assassin. Cette fois, ce n'était pas un Italien, c'était un Hongrois qui s'était rendu coupable de cet attentat. Mais les Hongrois, réduits à l'obéissance avec la participation des armées russes, avaient aussi leur émigration en Angleterre. Kossuth y prononçait tous les jours des discours incendiaires. Peu de jours avant l'assassinat, une proclamation avait été publiée en son nom. Il la désavoua, mais en déclarant hautement qu'il en adoptait les détestables principes. L'Autriche pouvait-elle être rassurée et se croire suffisamment protégée par la législation criminelle de la Grande-Bretagne?

XIII.

Deux mois plus tard, la police de Londres fait saisir dans un magasin, près Rotherhithe, une grande quantité d'armes, de munitions de guerre, cinq cents livres de poudre à canon et soixante-dix caisses de projectiles. Là aussi se trouvaient dix mille fusées d'une forme particulière, et deux mille obus. Personne ne douta que tout eût été rassemblé et fabriqué pour le compte de Kossuth et dans le but d'opérations hostiles contre l'Autriche. Ce qui est certain, c'est que le fabricant employait des ouvriers hongrois qui lui avaient été recommandés par le soi-disant dictateur.

L'affaire fut portée devant la justice : les manufacturiers, Robert Hale et William Hale son fils, furent condamnés à *une amende de deux shillings par livre de poudre excédant la quantité permise par la loi.* La loi commune de l'Angleterre, il faut l'avouer, protége efficacement les gouvernements étrangers !

XIV.

Qu'ajouterons-nous ! L'attentat du 14 janvier est encore présent à toutes les pensées. D'où sont partis les assassins? Où les bombes ont-elles été fabriquées? N'est-ce pas toujours le même asile qui vomit les régicides ?

Et cependant, deux cents pamphlets imprimés à Londres, répètent impunément l'apologie du crime : les discours les plus abominables sont prononcés, non-seulement dans les meetings, mais jusque sur les tombeaux ; à peine ose-t-on poursuivre un éditeur obscur comme Truelove, et sera-t-il puni? Bernard est acquitté. Au scandale de cet acquittement si étrange, vient se joindre le scandale plus grand encore de sa défense. C'est un avocat revêtu de la robe de soie, décoré du titre de *Conseil de la Reine,* un avocat que l'attorney général avait cru pouvoir appeler pour l'assister dans la poursuite, c'est celui-là qui ne craint pas de parler le langage de ses clients, et de confondre dans ses injurieuses calomnies, l'Empereur, l'armée, le peuple français tout entier ! Et Bernard reçoit dans Londres les honneurs du triomphe.

Oui, répétons-le, la législation actuelle de l'Angleterre

est suffisante à protéger les nations étrangères!.......

XV.

Sur le continent, disons-le tout de suite, la France trouve plus de consolation. Les pays chez lesquels le droit d'asile est le plus traditionnel, ceux dont les institutions libérales semblent le plus favoriser les défenseurs de la liberté mal entendue, comprennent toutefois leurs devoirs et ne se contentent pas de paroles stériles contre l'assassinat et le parricide.

La Belgique, la Suisse, ont mesuré l'étendue du danger et ont immédiatement approprié leur législation aux circonstances présentes. Quels éloges ne sont pas dus au Parlement sarde et au courageux comte de Cavour! A Turin aussi, comme à Paris, comme à Vienne, comme à Naples, la vie du souverain est menacée ; Victor-Emmanuel est aussi dévoué aux poignards des assassins, et le gouvernement anglais prend lui-même le soin de l'en avertir. Le meilleur, le plus sûr allié de la France, ne pouvait lui manquer. Le Piémont est hospitalier, nous ne l'en blâmons pas : la France l'a été dans tous les temps. Mais l'un et l'autre peuple ne savent pas plus tolérer le crime que repousser l'infortune.

XVI.

Comment l'Angleterre, seule, se montre-t-elle opposée au système commun de défense de l'humanité tout entière? Lorsque les gouvernements alarmés lui demandent une assistance légitime, de toutes parts, dans la presse, à la tribune, on proteste contre l'atteinte portée aux anciennes franchises du sol britannique ; on entend de nouveau retentir aux oreilles de l'Europe étonnée le cri des vieux barons anglais : *Nolumus leges Angliæ mutari !*

Certes, c'est un beau spectacle que celui d'un peuple déjà vieux dans l'histoire, qui reste inviolablement attaché à ses anciennes institutions, qui les respecte et les défend comme la sainte arche d'alliance ! Nous admirons au fond cette fidélité séculaire ; nous ne pouvons toutefois nous empêcher d'en critiquer l'application, si elle n'est ni raisonnable ni fondée.

Non, il n'est pas vrai que les lois doivent rester immuables. Nous ne sommes plus au treizième siècle. La civilisation a marché. Les mœurs ont changé ; l'isolement des nations a cessé ; de nouveaux besoins se sont manifestés, ce serait presque de la barbarie que de rester obstinément dans un vieux sillon qui laisserait la terre improductive.

Aussi n'est - ce pas de la sorte que l'Angleterre a procédé. La succession non interrompue de ses lois statutaires nous démontre qu'elle a toujours été progressive, et que c'est par cette marche continuellement ascendante qu'elle a conquis le rang si éminent qu'elle occupe aujourd'hui dans la grande société européenne.

Allons plus loin. Il n'est pas exact de dire que le droit ancien ou moderne de la Grande-Bretagne ait jamais assuré aux étrangers réfugiés ou turbulents une hospitalité aussi large qu'on pourrait le prétendre. A toutes les époques de ses annales, malgré le droit d'asile, le gouvernement britannique a exercé vis-à-vis d'eux *son droit d'expulsion* et même *d'extradition ;* elle n'a jamais manqué, dans l'occasion, d'en réclamer l'application dans son propre intérêt. L'histoire est là pour nous l'apprendre, et puisque l'Angleterre paraît oublier aujourd'hui sa propre législation, nous allons, nous, Français, la lui rappeler.

Le Droit d'asile, d'après le droit public de l'Angleterre.

I.

Pour établir que les vraies maximes de l'Angleterre ne diffèrent pas de celles des autres puissances européennes, nous pourrions nous borner à rapporter ce qui a été développé avec autant d'éloquence que de vérité, à toute sorte de reprises, par les plus éminents entre les publicistes et les jurisconsultes de la Grande-Bretagne. Castelreagh, Peel, Canning, Scarlett ont prouvé jusqu'à la plus grande évidence que le sol britannique n'est pas ouvert à tous les étrangers sans distinction, et qu'il est impossible non-seulement d'y protéger, mais d'y tolérer ceux qui prétendent abuser de l'hospitalité qu'ils y reçoivent, pour en faire un foyer d'intrigues et de conspirations. La grande charte du roi Jean ne signifie rien dans cette question, le Parlement l'a reconnu sans cesse, chaque fois qu'un *alien-bill* a été voté, chaque fois qu'un traité a été conclu pour l'expulsion ou l'extradition des étrangers réfugiés. Mais nous pénétrerons plus avant, nous citerons les faits et les actes, et la vérité sera manifeste pour tout le monde.

II.

Qu'est-ce que la grande charte de l'an 1215? Quelque chose de semblable à ce qu'en France, dans nos guerres intestines, on appelait *édits de pacification*. La guerre existait en Angleterre. Le roi combattait pour sa prérogative, les barons pour leurs priviléges, les bourgeois pour leurs franchises. Ils traitèrent entre eux, comme diverses puissances traitent après une longue guerre ; ce traité n'a pas plus de durée que les pactes internationaux, dont la force s'évanouit quand disparaissent les causes qui les ont fait naître. Il ne faut donc pas s'étonner que la grande charte ait été, pendant des siècles, tour à tour invoquée et foulée aux pieds par tous les partis, sans distinction. C'est encore un monument historique , sans doute; mais ce n'est plus qu'un parchemin vermoulu, à demi-brûlé par l'incendie de 1666 : elle n'a plus ni de sens ni de portée en face des intérêts d'aujourd'hui.

Et, d'ailleurs, que voulaient alors les bourgeois? La liberté du commerce. On convient donc que les marchands pourront en toute sécurité sortir de l'Angleterre, venir en Angleterre et y séjourner pour leur commerce; que toute personne pourra sortir du royaume et y rentrer, si ce n'est en temps de guerre et temporairement, pour l'utilité commune du royaume, suivant les coutumes anciennes et légitimes.

Ce n'est donc pas un droit d'asile qui est ici constitué: ni le roi ni les bourgeois n'y pensaient. Il ne s'agit que de facilités à donner au commerce et aux communications.

La grande charte n'est pas faite pour les étrangers, elle ne s'occupe que des intérêts nationaux. Elle réserve au pouvoir la faculté de suspendre ses dispositions en temps de guerre et pour l'utilité publique, suivant les anciennes et légitimes coutumes.

III.

Suivant une de ces anciennes et légitimes coutumes, les rebelles et les fugitifs ne trouvaient pas d'asile : ils étaient livrés à leur gouvernement ou expulsés.

Ainsi que nous l'avons déjà dit, par les anciens traités entre la France et l'Angleterre, il était promis qu'il en serait fait réciproquement extradition. D'après les traités entre les rois d'Angleterre et les ducs de Bourgogne, ils devaient être expulsés des États respectifs (1).

En 1593, lorsque le célèbre comte de Bothwell s'était réfugié en Angleterre, Robert Melvil vint le réclamer au nom du roi d'Écosse : Élisabeth répondit « que, conformément à la lettre des anciens traités, il serait livré, ou tout au moins expulsé de l'Angleterre (2).

IV.

Le 23 février 1661, un traité est conclu entre la Grande-Bretagne et le Danemark ; nous y lisons ce qui suit :

« Art. 5. Il est convenu que ni l'un ni l'autre des deux

---

(1) Cambden, *Annales d'Élisabeth*, an 1600.

(2) Cambden, an 1593.

rois ne recevra ni ne tolérera dans ses États aucun des ennemis ni des rebelles de l'autre. Et spécialement, que si quelques-uns de ceux qui seraient légitimement atteints, condamnés ou convaincus de participation à l'infâme parricide commis contre le roi Charles Ier, de bienheureuse mémoire, sont aujourd'hui ou arrivent plus tard dans les États du roi de Danemark et de Norwége, ils seront immédiatement arrêtés, emprisonnés et envoyés sous bonne garde en Angleterre, ou remis aux mains de ceux que le roi de la Grande-Bretagne chargera de les garder et de les ramener sur le territoire britannique. »

V.

Le 14 septembre 1662, traité entre l'Angleterre et les États-Généraux des Provinces-Unies dans le même but. Trois des juges de Charles Ier furent arrêtés en Hollande, livrés à l'Angleterre, jugés et exécutés.

VI.

En 1748, Charles-Édouard était à Paris, où il s'était réfugié après son échec de Culloden. Par un article secret des préliminaires de la paix d'Aix-la-Chapelle, l'Angleterre imposa à la France, comme condition absolue, l'obligation de l'expulser. Et le 10 décembre, Charles-Édouard était arrêté à la porte de l'Opéra, garrotté avec des cordons de soie, et conduit jusqu'à la frontière du pont de Beauvoisin.

VII.

Voici maintenant un autre téméraire qui avait rêvé, lui aussi, d'envahir l'Irlande et de la soustraire à la domination de l'Angleterre. Vers la fin du dernier siècle, vivait à Dublin James Napper Tandy. Comme beaucoup d'autres Irlandais, il n'aimait pas l'Angleterre ; il se regardait comme un de ses ennemis naturels. Il avait embrassé avec ardeur les idées de la révolution française. Devenu colonel des volontaires de Dublin, il inspira des inquiétudes au gouvernement ; il crut devoir se retirer en France, où il fut naturalisé et fait général de brigade. Il fut de ceux qui accompagnèrent le général Humbert dans sa tentative de descente en Irlande. Les troupes françaises ayant échoué dans leur entreprise, il chercha un asile dans la ville neutre de Hambourg. Mais il fut réclamé par le ministère anglais ; des vaisseaux russes se montrèrent devant le port hospitalier, et le sénat fut contraint de livrer le réfugié. Napper Tandy fut emmené en Angleterre avec deux de ses compagnons, traduit devant la Cour du banc du roi et condamné à mort. Disons, cependant, qu'il ne fut pas exécuté, et que la paix d'Amiens lui permit de venir mourir à Bordeaux.

VIII.

Lorsqu'on voit l'Angleterre traiter ainsi le droit d'asile vis-à-vis des puissances étrangères, on ne doit pas s'étonner que dans le même temps elle se fît un devoir sacré de respecter les mêmes principes dans son intérieur.

En 1793, le Parlement, comme il l'avait fait souvent dans les temps antérieurs, vota un *alien-bill* ou loi sur les étrangers.

D'après cette loi, les étrangers, à leur arrivée en Angleterre, étaient soumis à une enquête sévère. Ils devaient faire au secrétaire d'État de l'intérieur une déclaration de leur position sociale et de leurs occupations. Ils étaient tenus de se munir d'une carte de sûreté, qui pouvait leur être refusée ; si quelqu'un inspirait la moindre inquiétude au gouvernement, on pouvait lui enjoindre de quitter le pays, et même le conduire hors du territoire.

Ce bill fut régulièrement continué pendant tout le temps de la guerre, mais le rétablissement de la paix ne fit pas cesser ses effets. Il fut constamment renouvelé de deux ans en deux ans, en 1814, 1816, 1818, 1820, 1822 et 1824. Ce ne fut qu'en novembre 1826 que l'on pensa pouvoir s'en passer à l'avenir.

IX.

Il faut, ici, rapporter les paroles remarquables qui furent prononcées, surtout en 1822 et 1824, par les grands hommes d'État qui gouvernaient alors la Grande-Bretagne. Non-seulement il fut démontré que l'*alien-bill* n'avait rien de contraire à la grande charte ni au droit commun de l'Angleterre ; mais qu'il y avait pour le gouvernement un droit rigoureux à le renouveler. Sir Robert Peel ajoutait, le 5 juin 1822, les considérations suivantes :

« ..... Rappelez-vous tous les grands événements qui

ont marqué le cours de cette longue et immense lutte : les principes dangereux qui se sont développés, le triomphe temporaire de ces principes, la chute de tant d'anciennes dynasties, l'élévation d'autres dynasties à leur place, enfin les nouveaux intérêts qui ont été créés même par la restauration des gouvernements légitimes ; tout ce bouleversement peut-il être considéré comme n'ayant laissé aucune trace, parce que nous avons eu une paix de sept ans? Mais, même pendant cet espace de temps, des révolutions n'ont-elles pas éclaté dans quelques États? N'a-t-on pas essayé de les faire éclater dans d'autres, en corrompant la fidélité des troupes? et toutes ces tentatives ne sont-elles pas évidemment l'œuvre des sociétés secrètes? Des conspirations découvertes et réprimées par l'autorité suprême, n'ont-elles pas prouvé que ces sociétés ne cessaient de travailler dans les ténèbres?

« Nous n'avons cependant refusé l'hospitalité à aucun des nombreux réfugiés qui sont venus nous la demander. Un seul a été chassé des États de Sa Majesté (le général Gourgaud), parce qu'il était bien avéré que cet individu voulait faire de notre pays le théâtre de ses intrigues.

« JE PUIS AFFIRMER, SANS CRAINTE D'ÊTRE DÉMENTI, QUE TOUS LES ENTREPRENEURS DE RÉVOLUTIONS MANQUÉES SONT DANS NOTRE PAYS, et je prie la chambre d'observer que le nombre des étrangers qui vivent au milieu de nous est présentement de vingt-cinq mille. Il n'était que de vingt-deux mille en 1818 : c'est une preuve matérielle de ce que j'avance sur les révolutionnaires réfugiés en Angleterre. N'est-ce pas assez que le gouvernement du roi veuille bien fermer les yeux sur les faits et les discours qui les ont amenés dans ce pays? Faut-il encore que nous soyons privés des moyens de les expulser dès qu'ils abuseront de notre commisération ? QUE DEMANDE D'ABORD L'ALIEN-BILL? RIEN QUE CE QUI EXISTE CHEZ TOUTES LES NA-TIONS. »

Quelques orateurs ayant parlé contre la proposition, soutenue par d'autres, le marquis de Londonderry se leva pour réfuter M. Mackintosh, surtout en ce qu'il avait jeté d'odieux sur la mesure proposée par sir Robert Peel.

« ..... Je suis bien loin d'en concevoir des alarmes, dit Sa Seigneurie, pour le pays. M. Peel a montré dans son discours une puissante éloquence, un caractère fait pour porter plus haut encore les libertés constitution-nelles de ce pays, car il entend bien mieux la liberté que certains individus qui lui sont opposés. La liberté qu'il aime n'est pas celle qui s'élève sur les ruines des em-pires, qui se nourrit de sang et de rapines ; fantôme épou-vantable que l'opposition nous invite à suivre, à adorer. L'Angleterre ne pourrait jamais conserver sa liberté, connaître le prix de la tranquillité intérieure ni la mériter, si elle souffrait que son noble sol devînt une *nuisance* pu-blique pour les autres contrées de l'Europe, si elle souf-frait qu'il fût souillé par la présence de ceux qui ont cherché à détruire la tranquillité de leur propre pays, et dont la conduite pourrait enfin troubler celle de l'An-gleterre..... J'appuie donc la mesure *d'après le droit com-mun qu'un pays a de se plaindre de tout autre pays qui souffrirait que son sol devînt l'asile de conspirateurs cher-chant à troubler le repos d'États voisins.* »

Le 23 mars 1824, sir Robert Peel demanda la proro-gation du bill des étrangers et s'exprima en ces termes :

« C'est dans l'intérêt de l'Angleterre que nous en proposons la continuation. Pouvons-nous, *d'après le Droit des Gens*, permettre que qui que ce soit fasse de l'Angleterre le théâtre de préparatifs pour révolutionner un pays en amitié avec nous? *Ce serait de la folie.* Or, il arrive constamment ici une foule d'étrangers qui ont été compromis dans les troubles de leur pays : tant qu'ils ne cherchent qu'un refuge contre l'oppression, ils sont ici en sécurité parfaite ; nous leur laissons la paix pourvu qu'ils ne troublent pas la nôtre. Mais ces hommes qui ont en général l'esprit ardent, les passions vives et le cœur aigri, pourraient croire que le moyen d'améliorer leur situation serait de révolutionner les États de leur ancien gouvernement. C'est ce que nous ne saurions permettre. Dans un cas semblable et récent, loin de sévir, j'ai seulement averti les personnes compromises de l'étendue des pouvoirs que j'ai, et elles se sont désistées de leurs machinations. Voilà ce qui rend nécessaire la continuation du bill pour deux ans. »

X.

En 1826, l'*alien-bill* n'est pas renouvelé. Les étrangers, en débarquant en Angleterre, ne furent plus tenus qu'à donner leurs noms, leur profession et l'indication du lieu où ils avaient l'intention de résider. Mais ils ne furent plus sujets à l'expulsion que pour les mêmes raisons et dans les mêmes formes que les sujets de la Grande-Bretagne. Voyons toutefois quels étaient les principes et la conduite du gouvernement.

XI.

En 1829, Don Miguel régnait à Lisbonne, mais l'Angleterre ne l'avait pas reconnu. L'année précédente, Dona Maria était venue à Londres, et Georges IV l'avait reçue solennellement en qualité de reine de Portugal. La jeune reine n'avait même pas perdu toutes ses possessions. Son drapeau flottait dans l'île de Terceira, et ses partisans y entretenaient une garnison. Les Portugais réfugiés en Angleterre préparent une expédition pour se rendre dans cette île. Deux mille soldats environ furent réunis près de Plymouth; ils devaient s'embarquer désarmés, par respect pour l'Angleterre, mais les armes avaient été expédiées d'avance. Le 6 janvier 1829, une troupe de six cent cinquante hommes, sous les ordres du général Saldanha, fit voile de Plymouth à bord de quatre transports anglais ou russes. Le duc de Wellington fit mettre à la mer deux frégates sous le commandement du commodore Walpole, avec ordre de suivre les transports et d'empêcher leur débarquement en Portugal, à Terceira, et sur tout autre point où ils pourraient commettre des hostilités. Les Portugais, arrivés le 16 janvier devant l'île de Terceira, trouvèrent à l'entrée du port le commodore Walpole, qui leur barra le passage; là, non pas même en pleine mer, mais dans les eaux portugaises, un coup de canon à boulet, parti des vaisseaux britanniques, tua un homme et en blessa un autre. Le général Saldanha fut forcé de se rendre, et, malgré ses protestations, conduit, avec toute sa troupe, dans le port de Brest : ils furent accueillis en France avec la même générosité que les réfugiés y rencontrent toujours. Une solde journalière leur fut accordée; une partie d'entre eux fut embarquée pour Ostende, les autres furent répartis dans les divers départements.

Voilà quelle est la conduite du gouvernement anglais, lorsque l'*alien-bill* n'est plus en vigueur, lorsqu'on est en présence de la grande charte, et qu'on y trouve le droit prétendu pour chacun, non-seulement d'entrer dans le royaume, mais d'en sortir en toute sécurité.

XII.

Nous ne ferons aucunes réflexions sur le coup de canon de Terceira, dont le public s'est si vivement occupé alors. Remarquons seulement avec quel soin, avec quel scrupule les ministres d'Angleterre prenaient les mesures les plus violentes pour protéger, contre les tentatives des réfugiés, les gouvernements mêmes qu'ils ne reconnaissaient pas, qu'ils méprisaient, qu'ils flétrissaient tous les jours par leurs discours et par leurs actes. Comment la doctrine de l'Angleterre a-t-elle si vivement changé? Les grands hommes d'État qui tenaient alors le timon des affaires n'y sont plus. Pitt, Granville, Castelreagh, Canning, Peel, Wellington sont descendus dans le tombeau. Nous ne sommes plus au temps où l'on allait chercher les hommes pour leur confier le pouvoir, les ministres d'aujourd'hui ne se maintiennent qu'en sacrifiant leurs propres principes et en flattant les passions souvent mal éclairées du peuple. Trop faibles pour manier les armes qui sont dans leurs mains, ils ne peuvent plus défendre ni leurs propres intérêts, ni le pays qu'ils gouvernent, ni les disent les amis. Ils protestent de leur affection pour la France, ils détestent hautement les menées des réfugiés ; ils déplorent, avec autant de honte que de désolation, l'attentat du 14 janvier. C'est donc de leur part un aveu d'impuissance. La force qui leur manque, c'est à l'Europe à la leur donner. Les puissances, nous l'avons dit, ont un grand devoir à remplir, et l'Angleterre elle-même leur en sera reconnaissante.

Conclusion.

I.

« Qui oserait soutenir, disait le prince de Talleyrand au congrès de Vienne (1), que les nations de l'Europe ne sont point unies entre elles par d'autres liens moraux que ceux qui les unissent aux insulaires de l'Océan austral ; qu'elles ne vivent entre elles que sous les lois de la pure nature, et que ce qu'on nomme le droit public de l'Europe n'existe pas ? Que tandis que toutes les sociétés civiles, par toute la terre, sont entièrement ou en partie gouvernées par des coutumes qui sont pour elles des lois, les coutumes qui se sont établies entre les nations de l'Europe, et qu'elles ont universellement, constamment et réciproquement observées depuis trois siècles, ne sont point une loi pour elles ? L'Europe, à qui ces doctrines ont causé tant de maux, à qui elles ont coûté tant de sang et de larmes, n'a que trop acheté le droit de les détester et de les mau-

(1) Note à M. le prince de Metternich, du 19 décembre 1814.

dire ; elles inspirent une égale horreur à Vienne, à Saint-Pétersbourg, à Londres, à Paris, à Madrid, à Lisbonne. »

II.

Oui, il y a en Europe des coutumes anciennes, universellement, constamment et réciproquement observées depuis des siècles, *antiquæ et rectæ consuetudines*, comme dit la grande charte d'Angleterre, auxquelles toutes les nations sont obligées de se soumettre comme à des lois positives, à peine de rompre tous les liens sociaux et, par suite, de se détruire elles-mêmes de leurs propres mains. Dans le temps même où la guerre était, pour ainsi dire, l'état permanent, les États européens étaient liés si intimement entre eux, qu'ils se considéraient déjà comme les membres d'une seule et même république (1).

Cette œuvre de réunion, commencée par les conciles, a été continuée et perfectionnée par les congrès. C'est un point qui ne peut plus être douteux. Les coutumes sont constatées et épurées, le droit des gens devient de plus en plus uniforme : les nations reconnaissent que, quelles que soient leurs institutions intérieures, elles ont les unes vis-à-vis des autres des droits et des devoirs à remplir, et elles promulguent graduellement des lois nouvelles, obliga-toires pour la société tout entière. Il n'y a plus d'isolement possible.

III.

Sans remonter plus loin, rappelons le célèbre protocole

---

(1) De Callières, *De la manière de négocier avec les souverains*, chap. 3.

d'Aix-la-Chapelle, du 15 novembre 1818. La France, la Grande-Bretagne, l'Autriche, la Russie et la Prusse déclarent que si elles jugeaient nécessaire d'établir des réunions particulières, soit entre les souverains eux-mêmes, soit entre leurs ministres et plénipotentiaires respectifs, pour y traiter en commun de leurs propres intérêts, l'époque et l'endroit de ces réunions seront, chaque fois, préalablement arrêtés au moyen de communications diplomatiques, et que, dans le cas où ces réunions auraient pour objet des affaires spécialement liées aux intérêts des autres États de l'Europe, elles n'auront lieu qu'à la suite d'une invitation formelle de la part de ceux de ces États que lesdites affaires concerneraient, et sur la réserve expresse de leur droit d'y participer directement ou par leurs plénipotentiaires.

C'est par application de ces principes que se sont réunis les congrès de Troppau, de Laybach et de Vérone, et les différentes conférences de Londres et de Vienne ; c'est dans ces grands parlements européens que se sont réglées les affaires de l'Europe et de l'Italie, de la Grèce et de la Belgique ; c'est là qu'on a préparé les transactions mémorables de 1856.

IV.

Un grand pas a été fait dans le Congrès de Paris. Ce n'est pas seulement la paix qui a été signée ; de nouvelles lois européennes ont été faites, et, ce qui n'avait jamais eu lieu jusqu'alors, il a été décidé que les questions douteuses seraient tranchées à la majorité des suffrages.

Le 14 avril 1856 fut voté l'article 7 du traité, aux

termes duquel, si une difficulté venait à s'élever entre la
Porte-Ottomane et une ou plusieurs des puissances européennes, il était recommandé qu'on eût recours à la mé-
diation d'un État ami, avant d'en appeler à la force. Et, à
cette occasion, » le premier plénipotentiaire de la Grande-
Bretagne, pense que cette heureuse innovation pourrait
recevoir une application plus générale; il propose donc
d'apporter une résolution propre à donner au maintien
de la paix pour l'avenir cette chance de durée. Sur quoi
les plénipotentiaires n'hésitent pas à exprimer, au nom de
leurs gouvernements, le vœu que les États entre lesquels
peuvent s'élever des désaccords aient, avant de faire appel
aux armes, recours, autant que les circonstances pourraient le permettre, aux bons offices d'une puissance
amie. »

Voilà donc un grand point décidé. Déjà il était adopté en
pratique, mais le sénat européen en fait une loi commune
définitivement écrite. Chaque puissance a le droit et le
devoir de soumettre ses différends à l'appréciation des
autres, et une décision commune peut intervenir avec le
poids et l'autorité d'une sentence solennelle. Quel est le
peuple qui refuserait de s'y soumettre? La résistance ne
serait-elle pas la plus grave insulte à l'ensemble de la
société?

V.

Jamais une question plus importante ne peut être agitée
dans la réunion des puissances, que celle des réfugiés politiques. C'est l'intérêt de tous qui est compromis, et, en
premier ordre, celui de la nation qui a donné son hospi-

talité à des étrangers turbulents et dangereux, à des artisans de révolutions et d'assassinats. On ne peut lui rendre un meilleur service qu'en la débarrassant de ces hôtes incommodes, en dernière analyse intolérables, qu'elle ne conserve chez elle que par un sentiment d'orgueil mal entendu.

VI.

Le devoir des peuples, à cet égard, n'est pas nouveau ; nous l'avons surabondamment démontré ; il est établi depuis des siècles en Europe, constamment et uniformément observé. Ce serait rétrograder outre mesure, ce serait abdiquer les bienfaits de la civilisation, que de le méconnaître aujourd'hui. C'est que ce devoir n'est que l'expression du bon sens et de la raison, et qu'il tient infiniment plus au droit des gens naturel qu'à la coutume internationale.

Nous avons parlé de l'expulsion de Charles-Edouard, et nous avons regretté la nécessité subie par la France à la requête de l'Angleterre.

Nous rapporterons, toutefois, ici, le jugement porté sur cette mesure quelque peu violente, par un homme impartial, car il n'est ni Français, ni Anglais ; par un homme qui ne peut être suspect, car il était fils de réfugié et victime des persécutions religieuses, « Il est contraire au droit des gens, dit Sismondi (1), de laisser stationner un prétendant dans un pays limitrophe et qui se dit neutre ; c'est faire de sa demeure un foyer d'intrigues et de cor-

(1) *Histoire des Français*, tome XXVIII, p. 463.

respondances coupables qui, lors même qu'elles ne causeraient pas un danger réel au gouvernement voisin, exposent toujours la liberté ou la vie d'êtres généreux et trompés qui se dévouent aux chances de succès pour l'exilé ; c'est enfin soumettre une nation entière à des lois rigoureuses, à un système d'espionnage et de police secrète pour la mettre en garde contre des menées individuelles. »

Que dirait Sismondi des Kossuth, des Mazzini, des Félix Pyat, des Orsini, quand il parle ainsi d'un prince déchu ?

Le 1er mai 1853, dans le *Journal des Débats*, un publiciste honnête et courageux, que la presse quotidienne regrettera longtemps, l'excellent Armand Bertin, écrivait un article admirable, que nous croyons devoir reproduire dans son entier (1). Aujourd'hui même, il n'y aurait pas un mot à y ajouter ; et Armand Bertin écrivait avant le protocole du 14 avril 1856, avant l'abominable forfait du 14 janvier 1858.

VII.

Nous demandons à l'Europe d'user de son droit incontestable, et de consolider, par une décision solennelle, la solidarité des intérêts de toutes les sociétés. Ce n'est pas un acte de despotisme que nous appelons de nos vœux, c'est un appel que nous faisons à la paix et à la concorde. C'est un vote de confiance pour les nations, qui, chacune dans la plénitude de son indépendance, useront de leur

(1) Voir l'Appendice.

appréciation bien entendue pour garantir la sécurité commune en appliquant judicieusement les mesures d'internement et d'expulsion. Nous ne voulons ni détruire le droit d'asile, que nous aimons et chérissons tous en France, ni porter atteinte à l'indépendance des États, que nous respectons. Tous sauront gré aux puissances de les délivrer d'une cause perpétuelle de troubles et de tracasseries.

VIII.

Ne croyons pas, d'ailleurs, qu'en face d'une règle générale, comme celle que nous proposons, les actes de rigueur se multiplient, et que des expulsions en masse doivent en être la conséquence. La France, elle aussi, pratique largement le droit d'asile, et bien rarement elle use du droit sévère de chasser les étrangers de son territoire. Comprimés par des mesures de précaution, exposés à une menace légitime, les réfugiés seront sages dans tous les territoires, comme ils sont obligés de l'être en France ; la tranquillité renaîtra partout, et les nations, se reposant les unes sur les autres, apprendront à s'aimer de plus en plus.

« Loin de sévir, disait sir Robert Peel le 23 mai 1824, j'ai seulement averti les personnes compromises, et elles se sont désistées de leurs machinations. »

Déjà toutes les nations européennes font entrer dans leur législation l'extradition des criminels ; les peuples les plus jaloux de leur indépendance s'applaudissent de l'adoption de ce principe de sécurité, et l'Angleterre ne croit pas violer la grande charte en le consacrant par ses traités. L'amour-propre national n'en souffre pas, et tout le monde s'en félicite.

En un mot, nous déplorerions toute atteinte qui serait portée au droit d'asile; ce que nous désirons, c'est qu'il soit garanti et honoré par la destruction de son abus.

APPENDICE.

JOURNAL DES DÉBATS, 1er mars 1852.

Paris, 28 février.

Nous avons déploré plus que personne le coupable et ridicule coup de main que le parti démagogique vient de tenter à Milan. Il était facile d'en prévoir les funestes suites, et, pour notre compte, nous ne nous y sommes point trompés. Un petit nombre de furieux ont voulu renverser la domination de l'Autriche; leur entreprise a éclaté soudainement au milieu de la grande et riche capitale de la Lombardie ; une partie de la garnison a été surprise, des militaires ont été assassinés; toutefois, l'ordre, un instant troublé, a été bientôt rétabli. Ce qui donne à cette tentative insensée le caractère d'un crime politique, c'est l'ensemble des circonstances qui l'ont précédée et préparée, circonstances que la politique de l'Autriche pressentait avant l'événement, et on dit qu'elle a acquis depuis l'événement des preuves qui ne paraissent pas contestables. C'est le 6 février que cette échauffourée a eu lieu, et deux jours après les journaux de Londres publiaient une proclamation que M. Mazzini et quelques autres adressaient, au nom du comité italien, aux Italiens leurs frères, pour les exciter à l'insurrection. « Aujourd'hui, leur disait M. Mazzini, le dernier mot que nous vous adressons, est : insurrection! Demain, en nous mêlant aux rangs du peuple, nous vous aiderons à la soutenir! M. Mazzini donnait aussi ses instructions à ceux qu'il appelle ses frères : « Attaquez, rompez sur tous les points la longue et faible ligne de l'ennemi, empêchez-le de se concentrer, en tuant ou en dispersant ses soldats, en détruisant les routes et les ponts; désorganisez-le en frappant ses officiers; poursuivez sans relâche les fuyards, faites la guerre à coups de couteau.... » M. Mazzini a été obéi; c'est bien par le meurtre des officiers et des soldats qu'on a débuté, et le couteau est bien l'arme dont on s'est servi pour les égorger. L'explosion n'a éclaté qu'à Milan ; mais il paraît qu'on a constaté sur plusieurs autres points des symptômes de la secrète connivence des insurgés de Milan avec les révolutionnaires répandus dans une grande partie de l'Italie et de la Suisse, dans le canton du Tessin.

Le Piémont et la Suisse sont depuis cinq ans particulièrement suspects à l'Autriche. Ces deux États, fidèles à leurs traditions, exercent envers les réfugiés politiques de tous les pays l'hospitalité la plus large ; ils y sont d'ailleurs encouragés par la nature même de leurs institutions libérales ; et il est certain que ces pays, limitrophes des provinces autrichiennes, sont devenus des lieux d'asile pour les nombreux réfugiés qui se sont compromis dans ces dernières années. L'Autriche s'en inquiète depuis longtemps ; elle s'est persuadée que c'est surtout dans la Suisse et dans le Piémont que le comité italien de Londres trouve des agents fidèles, résolus et actifs, qui communiquent, sans danger pour eux, avec les affiliés, et parviennent ainsi à couvrir l'Italie de complots et de conspirations. Dès le 6 février, les représentants de l'Empereur ont pris à Milan les mesures les plus énergiques, et comme ces mesures sont générales, on les applique dans toute leur sévérité à tous les habitants de la Lombardie sans exception. Milan a été soumis au régime le plus rigoureux de l'état de siége ; cette noble et infortunée cité a été frappée de contributions énormes qu'elle a acquittées en payant toutes les semaines une somme considérable. En même temps, le canton du Tessin a été mis sous la loi du blocus ; les communications avec la Lombardie sont interdites ; et un ordre récent du maréchal Radetzky, a prescrit l'expulsion des habitants de ce canton qui résident dans la Lombardie. Cette mesure atteindra, dit-on, plus de cinq mille Suisses qui exercent leur industrie dans cette province, et seront punis pour les injustices et les violences que les autorités radicales du canton du Tessin ont exercées à tort et à travers, sans respect pour certains droits acquis et sans égard pour les réclamations de l'Autriche. Telles sont les conséquences immédiates de la tentative insurrectionnelle du 6 février.

Un événement encore plus grave est survenu depuis : l'Empereur François-Joseph a été frappé par un assassin, au milieu même de sa capitale. L'assassin, Janos Lebenyi, est un ouvrier tailleur hongrois ; il était armé d'un couteau-poignard ; au moment de son arrestation, il a déclaré qu'il avait agi seul, sans complice et par fanatisme. « En frappant l'Empereur, a-t-il dit, je n'avais point l'intention de le tuer ; je voulais seulement montrer ce qu'un Hongrois est capable de faire pour sa patrie opprimée. » C'est le 18 février que ce crime a été commis à Vienne, en plein jour, en présence d'une population fidèle et consternée. Le même jour, M. Kossuth désavouait dans les journaux de Londres la proclamation que ces journaux lui avaient attribuée. Le désaveu de M. Kossuth a cela de remarquable, qu'il laisse subsister les sentiments exprimés dans la proclamation supposée, avec leurs plus funestes conséquences : « Est-ce à dire que je désavoue les « sentiments exprimés dans la proclamation! Non, Monsieur, toute « ma vie se résume en ceci : Liberté de mon pays ; droits de mon « pays. — Conformément à cette maxime, je suis et je serai toujours « l'ennemi irréconciliable de François-Joseph d'Autriche qui, en se « parjurant, a violé les droits sacrés, la liberté, la constitution, les lois « et l'existence nationale de mon pays; qui, repoussé dans ses crimi- « nelles attaques, les a dérobés par trahison avec le secours des « baïonnettes étrangères, et aujourd'hui le couvre de deuil. » Il y a, nous le savons, une distance infinie entre les déclarations que les chefs de partis politiques se croient obligés de faire dans certaines circons- tances, et l'abus criminel que [leurs affiliés subalternes peuvent faire de leurs paroles; mais on ne saurait nier qu'il existe entre le langage de M. Kossuth et le crime de Lebenyi une déplorable coïncidence, dont il est impossible qu'on ne fût point frappé à Vienne.

Le gouvernement autrichien est donc plus que jamais convaincu que la Suisse est le principal foyer de toutes les menées révolution- naires qui agitent l'Europe, que les agitateurs profitent de la tolérance du Piémont, dont les portes leur sont toujours ouvertes, et qu'enfin ils abusent de l'abri qu'ils trouvent en Angleterre, sous la protection des lois anglaises. A ses yeux, l'hospitalité de l'Angleterre, du Pié- mont et de la Suisse, protége les ennemis du repos des nations, et ce repos sera troublé tant que les chefs des partis révolutionnaires trou- veront, au sein même de l'Europe, un asile inviolable. Aussi le cabinet de Vienne voudrait-il que les gouvernements de ces trois pays éloi- gnassent ceux des réfugiés qui fomentent ces troubles et ces assassinats. Dans ce but, l'Autriche se propose, dit-on, d'ouvrir des négocia- tions à Berne, à Turin et à Londres. Déjà même elle a adressé des no- tes au Conseil Fédéral de la Suisse pour obtenir les satisfactions qu'elle désire, et déclaré que si la Suisse les lui refuse, elle se fera justice elle-même. On dit encore qu'elle a fait au Piémont des communica- tions plus modérées dans la forme, mais dont les conclusions seraient à peu près les mêmes; on ajoute enfin qu'elle se dispose à demander à l'Angleterre le renvoi de certains réfugiés, et qu'elle proposera à la France, à la Prusse et à la Russie d'appuyer, par une démarche for- melle, ses instances auprès du cabinet britannique ; on ferait alors en commun des représentations sur ce que commande l'intérêt pressant de l'Europe.

Ces intentions de l'Autriche ne sont un mystère pour personne; les journaux de l'Allemagne s'en sont vivement préoccupés, ainsi que les journaux anglais, et nous avons rapporté, dans un de nos derniers numéros, quelques passages d'un article que le *Times* a publié à cette occasion. Le *Times* ne dit point quel parti devra prendre le gouvernement de la Grande-Bretagne; mais il indique clairement que le public anglais commence à se demander si le séjour de certains réfugiés qui conspirent ouvertement et avec éclat contre leurs gouvernements, ne pourra pas devenir un danger pour l'Europe et un embarras pour l'Angleterre.

« L'extravagance du langage et des actes de ces étrangers est telle, « dit le *Times*, qu'ils méritent assurément d'être placés sous une cer- « taine répression, comme des gens nuisibles qui ont perdu la raison. »

Ces paroles sont d'autant plus remarquables que le *Times* déclare, en même temps, que les lois anglaises ne permettent point d'enfermer dans les pénitenciers cette classe de délinquants ni de les expulser. Nous regrettons que le *Times* n'eût pas jugé à propos d'indiquer le moyen de concilier la généreuse et libérale tolérance de la législation anglaise avec ce que lui semble exiger le salut public de l'Europe.

La question soulevée par l'Autriche a donc une grande importance; c'est une raison pour la renfermer dans ses justes limites et écarter de la discussion tout ce qui tendrait à la dénaturer.

Quelques personnes ont cru voir, dans les réclamations de cette puissance, une grave atteinte portée au droit ancien et vénéré qui, surtout depuis soixante ans, a protégé tous les partis politiques, et auquel ils doivent tous la même reconnaissance.

Mais on a répondu que le droit d'asile n'est point en question, que personne ne songe à en contester l'usage et les prérogatives, que l'Autriche ne veut point imposer à la Suisse et au Piémont, ni demander à l'Angleterre une mesure générale contre tous les réfugiés, sans exception, et que le sort de ces nobles victimes des guerres civiles n'est pas plus menacé que le droit d'asile, puisque personne ne songe à demander leur expulsion en masse indistinctement. Ces explications ne rassurent pas complétement les partisans alarmés du droit d'asile, qu'ils considèrent avec raison, selon nous, comme une des plus précieuses garanties de l'indépendance de la raison humaine; et si l'Autriche ne veut, en effet, porter aucune atteinte à ce droit, ils se demandent ce que signifient exactement les prétentions de cette puissance, dont la politique, assez peu libérale, se fonde, dans cette occasion, sur un principe du droit des gens, incontestable sans doute, mais dont il ne faudrait point exagérer la portée et dont l'application est toujours difficile.

Autant qu'il nous est permis d'en juger par les renseignements qui nous sont parvenus, la question posée par l'Autriche peut être ramenée à ces termes :

« Quand certains réfugiés, du sein de leur asile, conspirent évidem-
« ment contre le gouvernement de leur pays, quand ils provoquent
« évidemment à l'insurrection, à l'assassinat, et quand leurs provoca-
« tions sont évidemment suivies d'effet, le gouvernement de leur pays
« a-t-il le droit de demander leur expulsion au gouvernement qui les
« abrite, et celui-ci le droit de le prononcer ? »

Et il est certain que si l'Autriche justifie que telles sont, en effet, les circonstances, si elle rapporte des preuves de tous les faits qu'elle re- proche à certains réfugiés, en droit, l'affirmative ne serait pas dou- teuse. Mais combien de difficultés dans la pratique ? Nous disons qu'en droit l'affirmative ne serait pas douteuse. Le devoir d'accorder l'expul- sion est évident ; l'asile ne donne pas aux réfugiés l'impunité dans le crime. Dans le moyen âge, l'Église devenait l'asile, mais à condition que les réfugiés resteraient tranquilles dans ses sanctuaires et ne re- commenceraient pas à commettre de là les actes qui les avaient forcés à s'y réfugier.

Le droit d'asile des gouvernements ne saurait être, aujourd'hui, affranchi de la même condition. Quant au droit d'expulser les réfugiés qui violent la condition naturelle de l'asile, tous les gouvernements du continent le possèdent : la Suisse, le Piémont et la Belgique aussi bien que les autres ; ils en ont usé souvent, et ils ont le devoir d'en user quand la condition naturelle de l'asile est violée. Le gouvernement anglais seul n'a pas le droit d'expulser les réfugiés de sa propre auto- rité, il faut qu'il obtienne ce droit du Parlement ; mais, en principe, il est tenu aux mêmes obligations : comme les autres, il doit satisfaction et sécurité au gouvernement attaqué par tels ou tels réfugiés ; pas plus que les autres, il ne peut admettre que la condition naturelle et nécessaire de l'asile puisse être injustement violée. Cette définition des droits et des devoirs respectifs des gouvernements ne nous paraît point contestable ; mais, dans l'application de ces règles, les choses ne sauraient se passer en Angleterre de la même manière que dans la Suisse et le Piémont.

Ce n'est pas d'aujourd'hui que l'Autriche réclame auprès du gou- vernement de la Confédération suisse, au sujet des réfugiés politiques. Plusieurs notes ont été remises, à cette fin, aux autorités fédérales, et nous croyons savoir que jusqu'à ces derniers temps ces autorités ont à peu près satisfait à ces réclamations, et même qu'elles sont allées au devant en éloignant spontanément les réfugiés dont la présence pouvait les compromettre. Aujourd'hui le cabinet de Vienne va plus loin, il veut exercer une sorte de surveillance sur certains cantons, et désigne directement les réfugiés dont l'expulsion lui parait nécessaire, sans que les autorités suisses puissent même discuter ces désignations. En d'autres termes, le gouvernement de l'Autriche voudrait être désormais le seul juge de l'opportunité et de la justice de la mesure, tandis que cette appréciation est aujourd'hui le droit des autorités cantonales. Que doit faire la Suisse ? Il est certain que sa position au centre de l'Europe, les conditions de son existence, le privilége de neutralité qui lui a été concédé et garanti, lui imposent, indépendamment des obligations du droit commun, des obligations spéciales qu'elle ne saurait méconnaitre sans danger. Le cabinet de Vienne élève des griefs nombreux contre la Suisse ; plusieurs paraissent fondés. Sur tous les points où l'Autriche à raison, il faut que la Suisse s'empresse de lui donner une satisfaction complète.

Nous ajouterons une autre considération. La constitution de la Suisse ne donne pas, pour tous les cas, des garanties suffisantes aux États limitrophes. Le Conseil fédéral n'est pas pourvu d'une autorito suffisante pour tous les cas, même lorsqu'il s'agit de faire exécuter par les cantons les résolutions de l'assemblée fédérale. Si un canton résistait à cette exécution, le conseil fédéral pourrait, il est vrai, requérir le concours des bataillons de la Fédération ; mais, dans certain cas, ce recours serait sans résultat, et le Conseil fédéral serait désarmé ; c'est ce qu'on pourrait craindre, s'il s'agissait de l'expulsion des réfugiés. Il ne faut donc point s'étonner si, sur un point de si grande importance pour elle, l'Autriche ne veut s'en rapporter qu'à elle-même, le gouvernement fédéral fera bien de consentir aux concessions que l'Autriche lui demande, et de peser sur les cantons afin d'obtenir leur adhésion complète et sincère. On dit que si le Conseil fédéral refuse, et s'il persistait dans ses refus, l'Autriche se déciderait à violer la neutralité de la Suisse et qu'elle occuperait le canton du Tessin. Nous faisons des vœux pour que cette complication ne vienne pas s'ajouter à toutes celles dont l'Europe se préoccupe en ce moment. Si pareille chose arrivait, la France, dans un intérêt d'équilibre politique, occuperait probablement de son côté les cantons qui touchent à ses frontières. La Suisse doit prévoir des éventualités si fâcheuses et les prévenir au prix de tous les sacrifices compatibles avec son honneur et sa dignité. Les dernières nouvelles que nous avons reçues de Berne nous font espérer que le Conseil fédéral ne se fait point d'illusion sur la gravité de la situation, et qu'il comprend la nécessité de porter dans ses négociations avec l'Autriche les dispositions les plus conciliantes.

Le Piémont est tenu aux mêmes obligations de droit commun que la Suisse ; mais il y a là un gouvernement qui comprend ses devoirs et sait les remplir. Il l'a prouvé précisément dans ces circonstances et en présence de ces mêmes faits qui ont excité les ressentiments de l'Autriche. Le cabinet de Turin a montré qu'il est l'ami de l'ordre et l'ennemi des partis révolutionnaires ; il n'a point hésité dans sa conduite ; il a énergiquement contenu les réfugiés qui résident sur son territoire, et il vient d'éloigner les plus dangereux et les plus suspects, qu'il a fait embarquer à Gênes, et que, par ses soins, on transporte loin de l'Italie. Que peut-on lui demander, sinon de persévérer dans cette voie ! Il y persévérera, puisqu'il y est entré de son propre mouvement. La bonne conduite du Piémont, nous n'hésitons pas à le dire, lui donne des droits à la confiance de ses voisins. Il a secondé l'Autriche avec un empressement dont on lui doit savoir gré, car à ce moment on ignorait encore, à Turin, l'étendue du complot et les chances de l'emeute. Les réfugiés que le Piémont a recueillis sont tous des Italiens venus de Sicile, de Naples, des États-Romains, de la Toscane et des possessions autrichiennes. Ces réfugiés ne sont pas des étrangers au milieu des populations du Piémont, et il suffit qu'ils soient soumis à une surveillance exacte et sévère. Cette surveillance ne leur manquera pas. Le passé est, à cet égard, la meilleure garantie de l'avenir. Parmi ces réfugiés qui on trouvé asile dans le Piémont, on remarque un grand nombre de familles lombardes et vénitiennes, riches et puissantes, qui vivent paisiblement sous la protection du gouvernement. Ces familles sont justement aimées et considérées. Cependant on a répandu le bruit que l'émeute de Milan avait été fomentée et armée avec leur argent. Quant à nous, nous ne doutons pas que ce ne soit là une calomnie. Mais si l'Autriche a de justes sujets de plaintes, nous croyons fermement qu'elle obtiendra promptement l'expulsion des coupables. Le gouvernement du Piémont n'ignore point quels seraient, en pareil cas, les droits de l'Autriche, et à quels devoirs il serait lui-même tenu. Nous espérons donc que l'Autriche aura pour le Piémont tous les égards qu'une puissance de premier ordre doit avoir pour un État moins puissant dont la dignité et l'indépendance seraient protégées au besoin par tous les États de l'Europe.

Mais les choses doivent se passer autrement en Angleterre. L'Angleterre est le pays de toutes les libertés, elles s'y confondent avec le caractère même des nations, parce qu'elles ont pénétré profondément dans ses mœurs. L'Angleterre est une terre d'asile qui a toujours abrité les hommes politiques de tous les pays ; et c'est un grand honneur pour cette nation, que les victimes de tous les partis vaincus, proscrits tour à tour par leurs vainqueurs, aient pu, dans tous les temps, lui demander sans crainte une hospitalité qu'on leur eût refusé ailleurs.

Le gouvernement britannique n'a point, comme le Piémont et la Suisse, le droit d'expulser les étrangers réfugiés; il faut qu'il l'obtienne du Parlement. Si donc l'Autriche demande à l'Angleterre l'expulsion de ceux qu'elle considère comme les provocateurs des attentats de Milan et de Vienne, et comme les perpétuels instigateurs des conspirations qui menacent le repos de l'Allemagne et de l'Italie; si la France, la Prusse et la Russie croient devoir joindre leurs réclamations à celles de l'Autriche, et si le cabinet britannique pense que ces réclamations méritent une attention sérieuse, il demandera au Parlement les pouvoirs dont il aura besoin pour donner à l'Europe une satisfaction légitime. Ces pouvoirs, le Parlement peut les conférer au gouvernement, ou par la mesure exceptionnelle et temporaire de l'*alien-bill*, ou par un acte qui établirait une exception spéciale et personnelle envers ceux des réfugiés qui, en violant la condition naturelle du droit d'asile, auraient attaqué l'ordre dans leur patrie et compromis les bons rapports de leur asile avec leur patrie. De ces deux moyens, le premier est celui qui a été habituellement employé; il a l'avantage d'être temporaire. La durée ordinaire de l'*alien-bill* est de deux ans; il faudrait donc qu'il fût renouvelé tous les deux ans jusqu'à l'expiration des causes qui l'auraient rendu nécessaire. L'*alien-bill* aurait aussi l'avantage d'être une mesure générale qui pourrait se prêter à des circonstances nouvelles et imprévues. L'autre moyen serait définitif et absolu à l'égard de ceux qui seraient désignés dans l'acte du Parlement, et ne pourrait être étendu à aucun autre. Il est certainement moins usité que le premier; nous ignorons même s'il a jamais été employé. Laquelle de ces façons de procéder conviendrait au gouvernement anglais? C'est à lui seul d'en décider. Quel que soit le parti auquel s'arrêtera, s'il y a lieu, le cabinet britannique, nous avons la confiance qu'il ne manquera ni à sa dignité, ni à ses devoirs.

ARMAND BERTIN.

FIN.

IMPRIMERIE DE L. TINTERLIN ET Cᵉ, 3, RUE NEUVE-DES-BONS ENFANTS.

www.ingramcontent.com/pod-product-compliance
Ingram Content Group UK Ltd.
Pitfield, Milton Keynes, MK11 3LW, UK
UKHW021006120726
13693UKWH00004B/1813